Ю. Б. Гиппенрейтер

ПОВЕДЕНИЕ РЕБЕНКА В РУКАХ РОДИТЕЛЕЙ

Москва
АСТ

УДК 159.9
ББК 88.8
Г50

Дизайн обложки — *К. Елькиной*

Гиппенрейтер, Юлия

Г50 Поведение ребенка в руках родителей / Ю. Б. Гиппенрейтер; худож. Г. Карасаева, М. Федоровская. — Москва: АСТ, 2014. — 127, [1] с.: ил. — (Общаться с ребенком. Как?).

ISBN 978-5-17-082489-2

В этом выпуске речь пойдет о дисциплине и послушании, о правилах, которым дети должны следовать, требованиях, которые они должны выполнять. О том, что дети сами нуждаются в правилах, дисциплина необходима им, чтобы чувствовать себя уверенно. Но как вводить правила, чтобы они не вызывали протест у ребенка? Что в себе нужно изменить родителям, чтобы найти путь к бесконфликтной дисциплине?

УДК 159.9
ББК 88.8

© Гиппенрейтер Ю. Б.
© ООО «Издательство АСТ»

◆ Предисловие к серии

Перед вами пятый выпуск из серии небольших («карманных») книжек, которые в целом представляют собой дополненное и переработанное объединение двух моих книг «Общаться с ребенком. Как?» и «Продолжаем общаться с ребенком. Так?». Эти книги вышли в печать с интервалом почти в десять лет, и вторая книга («Продолжаем...») была результатом продумывания и обогащения фактическим материалом первой.

Таким образом, обе книги были и остаются органически связаны по тематике и моим главным гуманистическим установкам.

Вместе с тем, они отличались по жанру. Первая книга, по отзывам многих читателей, оказалась очень полезной как практическое руководство; цель второй была больше разъяснительная: хотелось обсудить вместе с родителями, почему стоит поступать так или иначе, и что происходит с ребенком. Иными словами, если первая книга была больше направлена на действие, то вторая — на понимание.

Объединяя материал обеих книг для серии, мы встали перед задачей совмещения жанров без потери ценности каждого из них. В конечном счете, было решено сохранить в нетронутом виде текст и последовательность «Уроков» первой книги, разбив его по одному-двум урокам в каждом выпуске, и далее присоединять переработанный материал второй книги. Как наверняка заметил читатель любой из моих книг, я очень люблю примеры и часто обращаюсь к случаям из реальной жизни. Факты из жизни красноречивее слов и мнений. И здесь, в каждом выпуске вы найдете новые яркие истории, рассказанные родителями.

В целом цель настоящей серии — помочь родителям осознанно выбирать методы своих действий при жизни, воспитании и общении с детьми. Небольшие объемы выпусков, надеюсь, облегчат пользование книжками.

Практика показывает, что очень важно пробовать, чтобы испытать первые успехи.

После них родители и дальше обнаруживают чудесные изменения ситуации с ребенком, даже если вначале она казалась им безнадежной.

В заключение очень хочу поблагодарить всех, с кем мне довелось обсуждать проблемы воспитания детей — родителей, учителей, воспитателей детских садов, студентов и слушателей второго высшего образования МГУ, корреспондентов газет, журналов и радио, многие из которых были сами родители.

Все участники нашего общения искренне делились своими проблемами и переживаниями, пробами и ошибками, вопросами и открытиями, писали о трудностях и успехах. Ваши поиски и достижения нашли отражение в моих книгах и, без сомнения, вдохновят многих и многих родителей, педагогов и воспитателей на труд и подвиг воспитания счастливого ребенка.

Хочу принести глубокую личную благодарность моему мужу Алексею Николаевичу Рудакову, с которым я имела счастье обсуждать не только все основные идеи книг, но также стиль, тонкие нюансы текстов, их оформление и рисунки. В его лице я всегда имела не только строгого и доброжелательного редактора, но и человека, ясно мыслящего и готового оказать эмоциональную поддержку при любой трудной работе.

ЧАСТЬ ПЕРВАЯ

О ПРАВИЛАХ, ДИСЦИПЛИНЕ И НАКАЗАНИЯХ

◆ Почему нужна дисциплина?

В предыдущих выпусках мы много говорили о чувствах и переживаниях детей и о том, как слушать, слышать, понимать и принимать их.

Предвижу накопившееся нетерпение родителей: а когда же речь пойдет о дисциплине и послушании? Ведь есть же правила, которым дети должны следовать, требования, которые они должны безусловно выполнять!

Нельзя с этим не согласиться. Конечно, такие правила и требования есть, и пришло время заняться их обсуждением. Почему только сейчас? Для этого есть веские основания:

без умения учитывать эмоции и переживания, интересы и потребности ребенка, да и свои собственные, родители не могут наладить дисциплину. Благодаря предыдущим урокам у нас появилась необходимая база: новые знания и новые навыки общения. Мы не раз будем использовать их в этом уроке.

Начну с одного «секрета», который некоторым родителям может показаться неожиданным. Детям не только нужен порядок и правила поведения, они хотят и ждут их! **Это делает их жизнь понятной и предсказуемой, создает чувство безопасности.**

Вам, должно быть, знакомо, как нервничает и выбивается из ритма жизни грудной ребенок, увезенный из дома на несколько часов «в гости», и как он успокаивается, попав домой, в привычную обстановку.

Дети порой готовы поддерживать порядок больше, чем взрослые.

Вспоминаю одну трогательную сцену. Мама с полуторагодовалым малышом вышла гулять. Открыв дверь подъезда, она так и оставила ее нараспашку. Сделав несколько шагов, малыш беспокойно оглянулся, вынул свою ручонку из руки мамы, нетвердыми шагами пошел к двери и, приложив некоторые усилия, закрыл ее. Порядок был восстановлен. Взглянув на маму, я увидела ее смущенную улыбку.

Все, конечно, сталкивались с другим примером хорошего «консерватизма» детей, их стремлением повторять привычное: вы читаете дошкольнику книжку или рассказываете сказку. Прежде всего удивляет, что эти книжка или сказка ему не надоедают, он готов слушать их бесконечное число раз, хотя знает уже всё наизусть. И попробуйте что-нибудь изменить в тексте — сразу же последует протест: «Нет, ты здесь пропустил», «Нет, он сказал не так, а вот так...»

Приведу один случай из личного опыта, который показывает, как нарушение порядка может совершенно расстроить и даже напугать ребенка.

Однажды меня попросили посидеть с девочкой трех лет. Ее родители, мои друзья, решились впервые за последние три года выбраться в театр. До этого я редко видела девочку, но знала, что она была довольно тревожной. Однако родители рассчитывали на мою «психологическую квалификацию», да и я, признаться, тоже.

— Давай поиграем во что-нибудь очень интересное, — предложила я, — например в домик!

Воспоминания из собственного детства и наблюдения за другими детьми позволяли надеяться, что девочке игра понравится.

— А как это? — робко спросила девочка. И тогда я с энтузиазмом приступила к показу «как». Перевернула несколько

стульев, сдвинула их вместе и накрыла сверху одеялом. Попыталась еще поставить внутрь «домика» настольную лампу. И тут услышала резкий плач девочки:

— Сейчас же поставь все на место! — кричала она, напуганная до полусмерти. Уже потом я узнала, что ее родители никогда не допускали в доме подобных беспорядков.

◆ Порядок и правила. Правила о правилах

Дети интуитивно чувствуют, что за родительскими «нельзя» скрывается забота о них. Один подросток с горечью признался, что родители его совсем не любят, так как позволяют ему слишком многое, включая и то, что запрещается другим ребятам. «Им, по-моему, просто нет до меня дела», — печально заключил мальчик.

Возникает вопрос: если ребята чувствуют себя более защищенными в условиях заведенного порядка и определенных правил поведения, то почему они норовят эти порядок и правила нарушать? Почему на это постоянно жалуются родители, воспитатели, учителя?

Можно назвать много причин, их гораздо больше, чем кажется на первый взгляд. О них мы поговорим позже. Сейчас скажу только, что на самом деле дети восстают не против самих правил, а против способов их «внедрения» (согласитесь, само это привычное для слуха слово уже указывает на силовые методы).

Поэтому давайте сформулируем вопрос иначе: **как найти пути к бесконфликтной дисциплине ребенка?**

Думаю, что о такой дисциплине мечтает каждый родитель. Это, безусловно, самая трудная и тонкая задача воспитания. Ведь от способа ее решения зависит, вырастет ребенок внутренне собранным и ответственным человеком или нет.

Есть несколько правил, которые помогают наладить и поддерживать в семье бесконфликтную дисциплину. Получается что-то вроде списка правил о правилах.

Правило 1.

Правила (ограничения, требования, запреты) обязательно должны быть в жизни каждого ребенка.

Это особенно полезно помнить тем родителям, которые стремятся как можно меньше огорчать детей и избегать конфликтов с ними. В результате они начинают идти на поводу у собственного ребенка. Это попустительский стиль воспитания. Его последствия мы обсуждали в предыдущем, четвертом выпуске «Чувства и конфликты» (см. с. 87).

Правило 2.

Правил (ограничений, требований, запретов) не должно быть слишком много, и они должны быть гибкими.

Как вы понимаете, это правило предостерегает от другой крайности — воспитания в духе «закручивания гаек», то есть авторитарного стиля общения (см. выпуск «Чувства и конфликты», с. 84).

Оба правила, взятые вместе, предполагают особое чувство меры, особую мудрость родителя в решении вопросов о «можно», «следует» и «нельзя».

♦ «Золотая середина» — и четыре цветовые зоны

Найти золотую середину между попустительским и авторитарным стилями нам помогает образ четырех цветовых зон поведения ребенка: зеленой, желтой, оранжевой и красной (идея зон принадлежит одному американскому психологу, мы ее видоизменяем и дополняем по-своему).

В **зеленую зону** (см. рис. на с. 21) поместим все то, что разрешается делать ребенку **по его собственному усмотрению или желанию**. Например, в какие игрушки играть, когда сесть за уроки, в какой кружок записаться, с кем дружить...

Ища примеры, я, признаться, натолкнулась на трудность: не так уж много оказалось действий по собственному выбору ребенка, на которые согласились бы все родители. Например, некоторые взрослые считают, что нужно контролировать время приготовления уроков, следить за тем, с кем их сын отправился гулять и т. п. С одной стороны, их беспокойство справедливо, с другой, думаю, они и сами были бы рады снять с себя груз лишних забот.

Действия ребенка, в которых ему предоставляется **относительная свобода**, находятся в **желтой зоне.** Ему разрешается действовать по собственному выбору, но в пределах определенных границ. Иначе говоря, он может решать сам, но при условии соблюдения некоторых правил. Например, можно сесть за уроки, когда хочешь, но закончить работу к 8 часам вечера. Можно гулять в своем дворе, но дальше не уходить.

Эта зона очень важна, так как именно здесь ребенок приучается к внутренней дис-

«Золотая середина» — и четыре цветовые зоны

циплине по известному нам механизму извне-внутрь. Родитель на первых порах помогает ребенку сдерживать непосредственные импульсы, быть осмотрительным и учиться контролировать себя как раз с помощью норм и правил, которые установлены в семье. Постепенно, привыкая к этим правилам, ребенок следует им без особого напряжения. **Однако это происходит, только если вокруг правил не было постоянных конфликтов.**

Поэтому бесконфликтное принятие ребенком требований и ограничений должно быть предметом **особенной вашей** заботы. Постарайтесь в каждом случае спокойно (но коротко!) объяснить, чем вызвано ваше требование. При этом обязательно подчеркните, что́ именно остается ребенку для его свободного выбора. Когда дети чувствуют уважение к их чувству свободы и самостоятельности, они легче принимают родительские ограничения.

Приведу пример удачного разговора мамы с пятилетним Петей.

Петя хватает печенье.

Мама: Сейчас не время для печенья, оно перебьет тебе аппетит. (Ограничение с коротким объяснением.)

Петя: А я хочу!

Мама: Ты обязательно его съешь, но только в конце ужина. (Разрешение с условием.)

Петя: Я не хочу ужинать!

Мама: То есть ты пока не голоден. (Активное слушание.) Хорошо, у нас есть время подождать папу. Он придет, и мы будем есть вместе. Но если ты проголодаешься, я могу покормить тебя и раньше. (Показ возможного выбора.) Ты будешь есть на ужин кашу или жареную картошку? (Возможность выбора.)

Петя: Конечно, жареную картошку, и вместе с папой!

Но бывают обстоятельства, когда нам приходится нарушать установленные правила. Такие случаи попадают в следующую, **оранжевую, зону.**

Итак, в оранжевой зоне находятся такие действия ребенка, которые в общем нами не приветствуются, но ввиду **особых обстоятельств** сейчас допускаются. Например, после долгого отсутствия папа приезжает в 10 часов вечера, и ребенку разрешают не ложиться спать до его появления и даже завтра не пойти в сад. Или: малыш напуган страшным сном, и мать берет его в свою кровать, пока он не успокоится.

Мы знаем, что исключения только подтверждают правила; не стоит бояться подобных исключений, если они действительно редки и оправданы. Зато дети бывают очень благодарны родителям за готовность пойти навстречу их особенной просьбе. Тогда они даже больше готовы соблюдать правила в обычных ситуациях.

Наконец, в последней, **красной, зоне** находятся действия ребенка, **неприемлемые ни при каких обстоятельствах**. Это наши категорические «нельзя», из которых нами не делается исключений.

Нельзя бить, щипать или кусать маму, играть с огнем, ломать вещи, обижать маленьких... Список этот «взрослеет» вместе с ребенком и подводит его к серьезным моральным нормам и социальным запретам.

Итак, все зоны, вместе взятые, говорят нам, что правило правилу рознь, и что вполне можно найти «золотую середину» между готовностью понимать — и быть твердым, между гибкостью — и непреклонностью в процессе воспитания дисциплины.

Правило 3.

Родительские требования не должны вступать в явное противоречие с важнейшими потребностями ребенка.

Например, родителям часто досаждает «чрезмерная» активность детей: почему им надо так много бегать, прыгать, шумно играть, лазать по деревьям, бросать камни, рисовать на чем попало, все хватать, открывать, разбирать?

Ответ прост: все это и многое другое — проявления естественных и очень важных для развития детей потребностей в движении, познании, упражнении. Им гораздо больше, чем нам, взрослым, нужно двигаться, исследовать предметы, пробовать свои силы. Запрещать подобные действия — все равно что пытаться перегородить полноводную реку. Лучше позаботиться о том, чтобы направить ее течение в удобное и безопасное русло.

Исследовать лужи можно, но только в высоких сапогах, разбирать часы тоже можно, но только если они старые и давно не ходят; играть в мяч можно, но только не в помещении и подальше от окон; даже бросать камни в цель можно, если позаботиться, чтобы никто при этом не пострадал. Вы, конечно, узнаете примеры из желтой зоны, но они могут принадлежать также зеленой. Для этого нужно поместить ребенка в подходящую обстановку и разрешить действовать свободно.

Например, за рубежом в некоторых детских учреждениях есть кафельная комната, специально для рисования на стенах. Каждый ребенок может рисовать фломастером или краской сколько ему угодно. После занятий рисунки смывают из брандспойта, и комната готова для следующей группы. Дети очень любят эти занятия, воспитатели тоже.

Другой пример относится больше к школьному возрасту. Начиная лет с десяти-одиннадцати ребятам становится особенно важно общаться со сверстниками.

Они собираются в группы, большие или маленькие, чаще проводят время вне дома, считаются больше с мнением ребят, чем взрослых. От родителей подростков часто приходится слышать: «Вот уж действительно ни один пророк не признается в своем отечестве». Один отец, преподаватель вуза, говорил своему сыну: «Посмотрел бы ты, как студенты смотрят мне в рот, стараясь не пропустить ни одного слова, а ты...»

Ребята часто перестают слушаться родителей, и последствия этого могут быть опасными. Чтобы избежать осложнений, родителям стоит быть особенно осторожными в запретах «не дружить», «не ходить», «не надевать», «не участвовать...»

Нужно быть уверенным, что ребенок не воспринимает их как угрозу его статусу в группе ребят. Страшнее всего для него — стать «белой вороной» или предметом насмешек, оказаться непринятым или отвергнутым ребятами.

И если на одной чаше весов окажется его положение среди сверстников, а на другой — родительское «нельзя», то скорее всего перевесит первое.

От нас, родителей, требуются порой исключительные терпение и терпимость, и даже философский настрой. Это поможет принять подростковую моду, неизвестные ранее словечки и выражения, трудно переносимую музыку, причудливые прически и сомнительные украшения, слишком короткие юбки или слишком дырявые джинсы.

Подростковая мода подобна ветрянке — многие ребята ее подхватывают и переносят в более или менее серьезной форме, а через пару лет сами же улыбаются, оглядываясь назад. Но не дай бог родителям в это время войти в затяжной конфликт со своим сыном или дочерью. Согласия со своим мнением он не добьется, а контакт и доверие может потерять окончательно.

Что же остается на долю родителей, кроме терпения и принятия неизбежности «ветрянки»? По-моему, очень многое, и самое главное — оставаться носителями и проводниками более общих, непреходящих ценностей: честности, трудолюбия, благородства, уважения к личности другого. Заметьте, что многие из этих ценностей вы можете не только обсуждать с вашим взрослеющим ребенком, но и реализовать во взаимоотношениях с ним, а это — самый главный дар, который он в глубине души ищет и надеется от вас получить!

Правило 4.

Правила (ограничения, требования, запреты) должны быть согласованы взрослыми между собой.

Знакомо ли вам, когда мама говорит одно, папа другое, а бабушка — третье? Вот как в этом случае.

> Лене купили нарядные лаковые туфельки, на следующее утро она собирается в детский сад.
> ЛЕНА: Я надену новые туфельки.
> МАМА: Нет, Леночка, они для праздников и для гостей.
> ЛЕНА: Нет, я хочу, хочу сегодня! (Начинает хныкать.)
> ПАПА: Не расстраивайся, мы что-нибудь придумаем. Обращается к маме: Может быть, можно, один только раз?

Мама: Нет, я не согласна. Ребенок должен приучаться беречь дорогие вещи!

Лена (плачет сильнее): Тогда я не пойду в садик вообще-е-е!

(Входит бабушка.)

Бабушка: Что опять случилось?! Опять вы расстраиваете ребенка с самого утра?! Иди ко мне, девочка, расскажи, кто тебя обидел. Ах, туфельки? Я тебе куплю сегодня же другие, будешь в них ходить, когда захочешь.

В такой ситуации ребенку невозможно усвоить правила, привыкнуть к дисциплине. Он привыкает добиваться своего, «раскалывая» ряды взрослых. Отношения между взрослыми членами семьи от этого не становятся лучше.

Даже если один родитель не согласен с требованием другого, лучше в эту минуту промолчать, а потом, уже без ребенка, обсудить разногласие и попытаться прийти к общему мнению.

Не менее важна последовательность в соблюдении правил. Если ваш ребенок два дня подряд ложился в 10 часов вечера вместо 9, то на третий день трудно будет уложить его вовремя, он резонно возразит, что вчера и позавчера вы ему «разрешали».

Стоит помнить, что дети постоянно испытывают наши требования «на прочность» и принимают, как правило, только то, что не поддается расшатыванию.

В противном же случае приучаются настаивать, ныть, вымогать.

Правило 5.

Тон, в котором сообщается требование или запрет, должен быть скорее дружественно-разъяснительным, чем повелительным.

Любой запрет желаемого для ребенка труден, а если он произносится сердитым или властным тоном, то становится трудным вдвойне.

Мы уже говорили, что на вопрос: «Почему нельзя?» не стоит отвечать: «Потому, что я так сказал», «Я так велю», «Нельзя, и все!» Нужно коротко пояснить: «Уже поздно», «Это опасно», «Может разбиться...»

Объяснение должно быть коротким и повторяться один раз. Если ребенок снова спрашивает: «Почему?», то это не потому, что он вас не понял, а потому, что ему трудно побороть свое желание. Здесь поможет то, что вы уже проходили, например, активное слушание. Приказы же и Ты-сообщения усугубляют сопротивление ребенка.

Предложение, в котором вы говорите о правиле, лучше строить в безличной форме. Например, стоит сказать: «Спичками не играют» вместо «Не смей играть спичками!», «Конфеты едят после обеда» вместо «Сейчас же положи конфету назад!», «Хвост у кошки не для того, чтобы за него тянули», вместо «Перестань мучить кошку!»

Рассмотрим два примера: первый — неудачный, второй — удачный разговор мамы с детьми.

> Дети увлеченно играют.
> Мама: Хватит, заканчивайте! (Приказ.)
> Сын: Как? Почему заканчивать?
> Мама: Прекрасно знаете почему: вы должны отправляться спать. (Приказ в форме Ты-сообщения.)
> Дочь: Как, уже спать?

Мама: Да, уже! И никаких возражений! (Приказ.)

Отбирает игру, дети расстроены и сердиты.

Гораздо лучше, когда разговор идет иначе с первых же слов мамы.

Мама: Ребята, пора заканчивать. (Безличная форма.)
Сын: Как? Почему заканчивать?

Мама: Время ложиться спать. (Безличная форма.)

Дочь: Как, уже спать?

Мама: Я вижу, игра интересная, и вам трудно оторваться. (Активное слушание.)

Дочь: Да, очень интересная! Смотри, нам осталось сделать всего два хода!

Мама: Хорошо, два хода — это немного, договорились.

Оба: Да, да. А потом мы сами все уберем.

Как видите, мама здесь выдержала дружественный тон и дала понять, что входит в положение ребят. Дисциплина от этого не пострадала. Напротив, ребята взяли на себя ответственность за наведение порядка после игры.

Бывает очень полезно, предвидя трудность ребенка в выполнении требования, **обсуждать ее с ним заранее.** Если, например, известно, что интересный фильм кончается поздно, а ребенок обязательно хочет посмотреть «хотя бы начало», то стоит предупредить, что придется прерваться на середине фильма. Одновременно можно предложить ему на выбор другие возможности, например, поиграть перед сном в интересную игру или почитать книжку. Если же он все-таки выберет «трудный» вариант, важно проследить, чтобы уговор был выполнен, и ребенок пошел спать вовремя.

Хорошо помочь ему, напомнив о договоре минут за пять до назначенного времени. В таком случае вы окажетесь, скорее, помощником ребенку в выполнении добровольно взятого на себя слова, чем надоедливым «полицейским». А он приобретет еще один маленький опыт бесконфликтной дисциплины.

◆ Вопрос о наказаниях. Следствия непослушания

Разговор о дисциплине неминуемо приводит к вопросу о наказаниях.

Что делать, если, несмотря ни на какие ухищрения, ребенок не подчиняется?

Прежде всего хочу вас заверить, что при соблюдении всех пяти правил о правилах, а также всего того, что мы прошли в предыдущих выпусках, число непослушаний вашего ребенка сократится во много раз, если вообще не исчезнет.

И тем не менее от недоразумений никто не застрахован, и может настать момент, когда вам нужно будет отреагировать на явно плохое поведение.

Обычно много споров вызывает вопрос о физических наказаниях. Лично я определенно против них. Они оскорбляют и озлобляют, запугивают и унижают детей. Позитивного результата от них меньше, чем негативного. Единственный вариант физического воздействия, который не вызывает сомнения, — это обуздание разбушевавшегося ребенка.

Однажды мне довелось быть свидетелем именно такой сцены.

Дело было в Америке. Тринадцатилетний Джон, поджидая мать в машине около дома, захотел завести мотор. Машина, стоявшая на включенной скорости (это он упустил из виду), дернулась, проломила забор и стукнулась в ствол дерева. Все произошло так неожиданно и молниеносно!

Подросток, весь красный и дрожащий, выскочил из машины и влетел в дом, бормоча под нос: «Что я наделал!», «Что я наделал!». Его младшая сестра, видевшая все из окна, встретила его каким-то едким замечанием — и была отброшена на пол.

На ее крик появилась мать. Увидев состояние Джона, она схватила его за руки и резко усадила на диван.

— Пусти, — вырывался Джон.

— Нет, — твердо говорила мать, — я буду тебя держать, пока ты не придешь в себя.

— Нет пусти, — бился Джон, — не имеешь права! Это насилие!

— Нет, Джон, — спокойно, но внушительно говорила мать, продолжая крепко его держать. — Я не могу отпустить тебя сейчас, я сделаю это, как только ты будешь способен себя контролировать. Сейчас ты этого пока не можешь.

— Но ты не знаешь, что я наделал! (К тому времени из коротких фраз окружающих мать поняла, что случилось.)

— Знаю, Джон. Ты сломал забор и стукнул машину. Но это не самое главное. Для меня главное сейчас, чтобы ты **взял себя в руки**. Я тебя не наказываю, а **помогаю** прийти в себя. Когда ты успокоишься, мы поговорим о машине.

Признаться, для меня это был запоминающийся урок мудрого и достойного обращения матери с подростком в острой ситуации.

Вы скажете, что здесь нет никакого наказания. Да, пожалуй. Хотя здесь описан именно такой случай, когда наказание приходит в голову родителю прежде всего. Однако в той ситуации Джон был **наказан случившимся**, а мать увидела свою роль в том, чтобы помочь ему извлечь из этого урок.

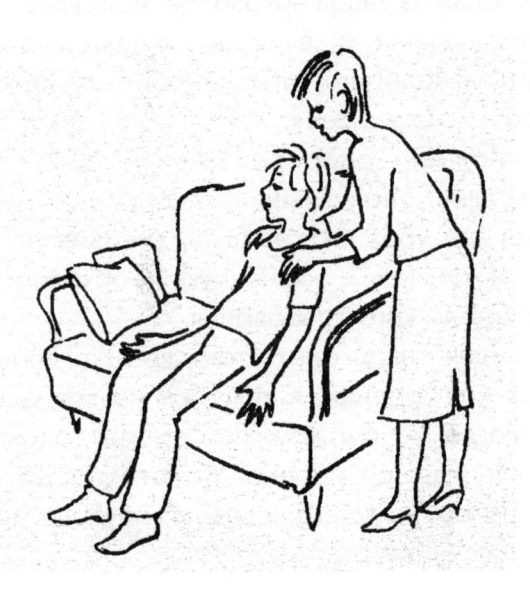

Таким образом, мы снова встретились с вопросом об отрицательных результатах действий ребенка: стоит или не стоит их допускать? Мы уже говорили, что стоит, чтобы ребенок мог учиться на ошибках. Теперь можем прибавить: стоит, ради воспитания уважения к дисциплине.

Естественное следствие непослушания — это один из видов наказания, исходящего от самой жизни, и тем более ценный, что винить в подобных случаях ребенку некого, кроме самого себя.

Малыш, оцарапанный кошкой, или школьник, получивший «двойку» за невыученный урок, может быть, впервые почувствуют смысл и жизненную необходимость родительского требования.

Один такой опыт стоит десятка словесных наставлений. К тому же мы все равно никогда не сможем «постелить соломку» всюду, где наш ребенок может «упасть». Зато потом, когда его постигнет неудача, можно очень помочь ему.

Активное слушание здесь незаменимо. Напомню вам, что оно помогает ребенку сделать самостоятельный вывод из случившегося.

Хотя порой родителю и хочется сказать: «Я же тебя предупреждал...», «Не послушался — пеняй на себя». Этого делать не стоит. Во-первых, ребенок прекрасно помнит о вашем предупреждении, во-вторых, он сейчас расстроен и глух к любым разумным замечаниям; в-третьих, ему тяжело признаться в своей ошибке, и он готов оспаривать вашу правоту.

Второй тип наказания — более привычен, он исходит от родителя. Все начинается с предупреждения: «Если ты не..., то...», а кончается выполнением обещанного. Например: «Если ты не прекратишь грубить, я поставлю тебя в угол»; «Если ты не уберешь комнату, не пойдешь гулять».

Такие наказания называют **условными следствиями** непослушания, потому что они не вытекают естественным образом из действий ребенка, а назначаются родителями по их усмотрению.

Как к ним относиться? Думаю, их все равно не избежать. Однако прежде всего важно обсудить, в чем родители видят **смысл** наказания и «механизм» его действия.

♦ Смысл наказания

Начнем с ошибочного взгляда. Очень распространено мнение, что наказание нужно для того, чтобы вызвать отрицательную эмоцию (боль, обиду, страх). Тогда случай запомнится, и ребенок впредь не будет себя так вести. А если будет, наказание надо усилить.

Эта точка зрения пустила глубокие корни в сознании людей и в практике воспитания. К сожалению, иногда ее подтверждают «научно», ссылаясь на теорию условных рефлексов, в которой говорится о необходимости «подкрепления» (в том числе отрицательного) для научения.

Но поведение человека — не набор рефлексов, а воспитание — не их выработка.

Может ли наказание человека исправить его поведение? Конечно, нет! Достаточно посмотреть на этот вопрос совсем широко и обратить внимание на результаты пребывания людей в колониях и тюрьмах. Называть эти учреждения «исправительными» все равно, что черное называть белым.

Но не будем уходить так далеко. Вернемся к исправлениям ребенка. Бывает, что под страхом наказания он действительно перестает делать то, что ему запрещено. Однако чаще он подстраивается или маскируется — делает вид, что послушался, то есть идет на обман. Бывает, что он ведет себя «правильно» при одном родителе и распускается при другом. Типичный пример можно было видеть в одной семье.

> Старший мальчик девяти лет постоянно задирает и обижает шестилетнюю сестру. Это при матери. С приходом отца атмосфера резко меняется: сын становится «как шелковый». Больше того, как не без гордости сообщает отец, при его появлении сына начинает «трясти». Примерно раз в неделю отец порет мальчика ремнем. Он уверен, что это очень правильная мера, именно поэтому сын его боится, «а без страха не может быть дисциплины».
>
> Большую часть дня дети проводят с матерью. При ней сын не только продолжает обижать сестру, но и делает многие другие недозволенные вещи — грубит, устраивает беспорядок, не делает уроки. Что еще хуже, последний год появились серьезные проблемы в школе: мальчик стал очень агрессивным. Учите-

ля и родители других детей стали требовать «убрать» его из класса. И тогда родители пошли на крутую меру: сдали мальчика в интернат на пятидневку.

Каждый понедельник он с криком и мольбами, уцепившись за ручку двери, просит, чтобы его не отвозили в интернат. Но вера родителей в «выработку рефлексов» настолько прочна, что такая форма «воспитания» продолжается не один год — и безуспешно!

Теперь мы обратимся к другой, более правильной точке зрения на наказание. Согласно ей:

**Наказание — это прежде всего сигнал о нарушении правила, нормы или установленного порядка.
Смысл его — сделать более весомыми слова взрослого, подчеркнуть их серьезность.**

Ведь дети слишком легко пропускают слова родителей мимо ушей, особенно когда им что-то не нравится. Хотя наказание может огорчить ребенка, дело не в том, чтобы его обидеть, расстроить или напугать, а в том, чтобы дать ему возможность задуматься над проступком, понять, что́ именно он нарушил и почему это плохо.

Такой взгляд на роль наказания предполагает установку на **воспитание сознания и личности ребенка**, а не на исправление его внешнего поведения. Стоит еще раз подчеркнуть: при таком подходе родитель оказывается в позиции проводника и защитника жизненного правила или моральной ценности, а не фигуры, диктующей свою волю.

Родитель — защитник моральной ценности, а не фигура, диктующая свою волю.

Это должно выражаться и в соответствующих словах: «В нашей семье это не принято...», «У нас такой порядок...», «Так надо...». Заметьте, что в этих фразах отсутствует «Я» родителя («Я сказал...», «Я требую...»). Они, так сказать, безличны и воспринимаются не как диктат взрослого, а просто как должное.

Обобщая, перечислим правила того, что нельзя делать, и о чем, напротив, надо помнить и делать, если возникло желание наказать ребенка.

- ✔ **Нельзя** пропускать или надолго откладывать наказание. Оно должно следовать сразу за нарушением правила, за грубым или невежливым поведением. При этом не имеет значения возраст ребенка: чем раньше в своей жизни он встретится с безусловностью правила, тем лучше.

- ✔ **Нельзя** делать наказание чрезмерным. Оно — сигнал о важности правила, а не «акт возмездия». Поэтому классические «стояния в углу» или «сидения в дедушкином кресле» вполне подходят.

- ✔ **Нельзя** наказанием унижать ребенка. Это значит, что наказание не должно сопровождаться грубым тоном, недоброжелательной критикой или обзыванием.

- ✔ Совершенно **недопустимы** физические наказания. Они не только унижают, но и ожесточают ребенка. Они не прививают, а, напротив, разрушают отношения с ребенком и тормозят развитие его личности.

- ✔ **Важно** помнить, что смысл наказания — сообщить серьезность и непререкаемость установленных правил. Поэтому надо реагировать на их нарушение, по возможности не пропуская.

- ✔ **Нужно** объяснить ребенку (по возможности кратко) смысл недовольства взрослого и сказать, что конкретно от него ждут.

- ✔ Наказание **нужно** назначать в относительно спокойном доброжелательном тоне.

◆ «Зона радости». Правило шестое и самое главное

Отдельного внимания заслуживает следующее самое эффективное правило:

Наказывать ребенка лучше,
лишая его хорошего,
чем делая ему плохое.

Другими словами, лучше наказывать, двигаясь в направлении от «плюса» к нулю, чем от нуля к «минусу»; причем под нулем подразумевается нейтральный, ровный тон ваших взаимоотношений.

А что означает «плюс»?

Вот примеры: в семье заведено, что по выходным дням отец ездит с сыном на рыбалку, или мама печет любимый пирог, или все вместе отправляются на прогулку.

Вы, конечно, знаете, что дети очень ценят подобные семейные традиции. Когда родитель уделяет им специальное внимание, и с ним интересно — это настоящий праздник для ребенка.

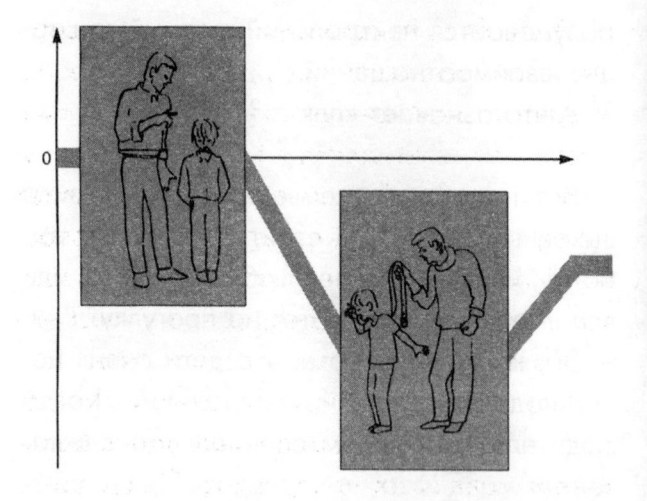

Однако если случается непослушание или проступок, то «праздник» в этот день или на этой неделе отменяется.

Наказание ли это? Конечно, и довольно ощутимое! И главное — не обидное и не оскорбительное. Ведь дети хорошо чувствуют справедливость, а это справедливо, когда родитель не дарит им свое время, потому что расстроен или рассержен.

А что бывает, если из-за того, что родителю всегда «некогда», все воспитание ограничивается требованиями, замечаниями и «минусовыми» наказаниями? Как правило, в таких случаях добиться дисциплины бывает намного труднее. Но главное — это опасность потерять контакт с ребенком: ведь взаимное недовольство, которое здесь неизбежно, будет накапливаться и разъединять.

Какой же практический вывод? Наверное, он уже ясен: **нужно иметь запас больших и маленьких праздников.** Придумайте несколько занятий с ребенком или несколько семейных дел, традиций, которые будут создавать **зону радости**.

Сделайте некоторые из этих занятий или дел **регулярными**, чтобы ребенок ждал их и знал, что они наступят обязательно, если он не сделает чего-то очень плохого. Отменяйте их, только если случился проступок, действительно ощутимый, и вы на самом деле расстроены. Однако не угрожайте их отменой по мелочам.

Зона радости — это «золотой фонд» благополучной жизни ребенка.

Она одновременно и зона его ближайшего развития, и основа вашего с ним доброжелательного общения, и залог бесконфликтной дисциплины.

◆ Трудные дети: четыре причины стойкого непослушания

Нам осталось обсудить самые трудные случаи, когда родители, по их словам, не могут справиться с ребенком, когда непослушание и конфликты на почве дисциплины становятся скорее правилом, чем исключением. «Трудными» чаще бывают подростки, но могут быть и дети любого возраста.

Мое мнение — если это ваш случай, если общение с ребенком приносит вам больше забот и огорчений, чем радости, или, еще того хуже, зашло в тупик, не отчаивайтесь. Дело можно поправить, однако предстоит специальная работа.

Прежде всего хочу поделиться тем, что известно далеко не всем родителям, да и педагогам тоже.

Непослушных детей, а тем более детей, «отбившихся от рук», принято обвинять. В них ищут злой умысел, порочные гены и т. п. На самом же деле в число «трудных» обычно попадают дети не «худшие», а особенно **чувствительные и ранимые**. Они «сходят с рельсов» под влиянием жизненных нагрузок и трудностей, реагируя на них гораздо раньше и сильнее, чем дети более устойчивые.

«Трудный» ребенок нуждается в помощи, а не в критике и наказаниях.

Причины стойкого непослушания ребенка следует искать в глубине его психики. Это на поверхности кажется, что он «просто не слушается», «просто не желает понять», а на самом деле причина иная. И как правило, она **эмоциональная**, а не рациональная. Больше того, она не осознается ни взрослым, ни самим ребенком. Отсюда вывод: такие причины **надо знать**. Ими мы сейчас и займемся.

Психологи выделили четыре **основные причины серьезных нарушений поведения детей**.

1. Борьба за внимание

Если ребенок не получает нужного количества внимания, которое ему так необходимо для нормального развития и эмоционального благополучия (о чем мы уже много говорили), то он находит свой способ его получить: непослушание.

Родители то и дело отрываются от своих дел, сыплются замечания... Нельзя сказать, что это уж очень приятно, но внимание все-таки получено. Лучше такое, чем никакого.

2. Борьба за самоутверждение против чрезмерной родительской власти и опеки

Знаменитое требование «я сам» двухлетнего малыша сохраняется в течение всего детства, особенно обостряясь у подростков. Дети очень чувствительны к ущемлению этого стремления. Но им становится особенно трудно, когда родители общаются с ними в основном в форме указаний, замечаний и опасений. Родители считают, что так они прививают своим детям правильные привычки, приучают их к порядку, предупреждают ошибки, вообще — воспитывают.

Это необходимо, но весь вопрос в том, как это делать. Если замечания и советы слишком часты, приказы и критика слишком резки, а опасения слишком преувеличены, то ребенок начинает восставать.

Воспитатель сталкивается с упрямством, своеволием, действиями наперекор.

Смысл такого поведения для ребенка — отстоять право самому решать свои дела, и вообще показать, что он личность. И не важно, что его решение подчас не очень удачно, даже ошибочно. Зато оно свое, а это — главное!

3. Желание отомстить

Дети часто бывают обижены на родителей. Причины могут быть очень разные: родители более внимательны к младшему; мать разошлась с отцом, и в доме появился отчим; ребенка отлучили от семьи (положили в больницу, послали к бабушке); родители постоянно ссорятся...

Много и единичных поводов для обиды: резкое замечание, невыполненное обещание, несправедливое наказание.

И снова в глубине души ребенок переживает и даже страдает, а на поверхности — все те же протесты, непослушание, неуспеваемость в школе.

Смысл «плохого» поведения в этом случае можно выразить так: «Вы сделали мне плохо — пусть и вам будет тоже плохо!..»

4. Потеря веры в собственный успех

Может случиться, что ребенок переживает свое неблагополучие в какой-то одной области жизни, а неудачи у него возникают совсем в другой. Например, у мальчика могут не сложиться отношения в классе, а следствием будет запущенная учеба, в другом случае неуспехи в школе могут привести к вызывающему поведению дома и т. д.

Подобное «смещение неблагополучия» происходит из-за низкой самооценки ребенка. Накопив горький опыт неудач и критики в свой адрес, он вообще теряет уверенность в себе. Он приходит к выводу: «Нечего стараться, все равно ничего не получится». Это — в душе, а внешним поведением он показывает: «Мне все равно», «И пусть плохой», «И буду плохой!»

Согласитесь, что стремления трудных детей вполне **положительны и закономерны** и выражают естественную потребность в тепле и внимании родителей, потребность в признании и уважении его личности, чувство справедливости, желание успеха. Беда «трудных» детей в том, что они, во-первых, остро страдают от нереализации этих потребностей и, во-вторых, — от попыток восполнить эту нехватку способами, которые ничего не восполняют.

Почему же они так «неразумны»? Да потому, что **не знают, как это делать иначе!** И поэтому всякое серьезное нарушение поведения подростка — это **сигнал о помощи**. Своим поведением он говорит нам: «Мне плохо! Помогите мне!»

Может ли родитель помочь ему? Практика показывает: вполне может, но только для этого нужно понять глубинную причину непослушания. Нужно сначала разгадать, какая из четырех эмоциональных проблем мешает ему нормально существовать. Соответственно, ваши действия будут разными.

Задача понять причину, на первый взгляд, непростая. Ведь разные причины внешне проявляются одинаково. Например, плохая учеба может быть связана и с желанием привлечь внимание, и с нежеланием подчиняться чужой воле, и с попытками «отплатить» родителям, и с потерей веры в свои силы.

И все же выявить истинную причину непослушания и плохого поведения довольно просто, хотя способ может показаться парадоксальным: родителю нужно обратить внимание на **собственные чувства.**

Посмотрите, какая эмоциональная реакция возникает у вас самих при повторном непослушании и неподчинении ребенка. При разных причинах эта реакция разная. Вот такой удивительный факт: **переживания родителей — это своеобразное зеркало скрытой эмоциональной проблемы ребенка.**

Давайте посмотрим, какие же родительские чувства соответствуют каждой из четырех названных причин.

Если ребенок борется за внимание, то и дело досаждая своим непослушанием и выходками, то у родителя возникает **раздражение**.

Если подоплека стойкого непослушания — противостояние воле родителя, то у последнего возникает **гнев**.

Если скрытая причина — месть, то ответное чувство у родителя — **обида**.

Наконец, при глубинном переживании ребенком своего неблагополучия родитель оказывается во власти чувства **безнадежности**, а порой и **отчаяния**.

Как видите, чувства разные, и вполне можно понять, какое именно подходит к вашему случаю.

Чтобы узнать причину плохого поведения ребенка, родителю нужно обратить внимание на свои собственные чувства.

◆ Как реагировать родителям?

Это, конечно, ключевой вопрос.
Первый и общий ответ на него такой:

постараться не реагировать привычным образом, то есть так, как ждет от вас ребенок.

Дело в том, что в подобных случаях образуется **порочный круг**. Чем больше взрослый недоволен, тем больше ребенок убеждается: его усилия достигли цели, и он возобновляет их с новой энергией.

Значит, задача родителя — перестать реагировать на непослушание прежними способами и тем самым разорвать заколдованный круг.

Конечно, сделать это нелегко. Эмоциям не прикажешь, они включаются почти автоматически, особенно когда конфликты застарелые, «со стажем». И все же изменить характер общения можно! Можно остановить если не эмоцию, то, по крайней мере, все, что за ней следует: замечания и наказующие действия. Если в следующий момент вам удастся уяснить, чтó именно вы почувствовали, то нетрудно будет разгадать и проблему вашего ребенка: с чем, против чего или отчего он «воевал». А уж после этого гораздо легче перейти с позиции исправления на позицию помощи.

Помощь в каждом случае, конечно, будет разная.

Если идет борьба за внимание, необходимо найти способ показать ребенку ваше **положительное внимание** к нему. Делать это лучше в относительно спокойные моменты, когда никто никому не досаждает и никто ни на кого не рассержен. Вы уже знаете, как: придумать какие-нибудь совместные занятия, игры или прогулки. Стоит попробовать, и вы увидите, какой благодарностью отзовется ваш ребенок.

Что же касается его привычных непослушаний, то их в этот период лучше всего оставлять без внимания. Через некоторое время ребенок обнаружит, что они не действуют, да и надобность в них, благодаря вашему положительному вниманию, отпадет.

Если источник конфликтов — борьба за самоутверждение, то следует, наоборот, **уменьшить свой контроль** за делами ребенка. Мы уже не раз говорили, как важно для детей накапливать опыт собственных решений и даже неудач.

В переходный период налаживания ваших отношений воздерживайтесь от таких требований, которые, по вашему опыту, он скорее всего не выполнит. Напротив, очень помогает то, что может быть названо «методом подстройки»: вы не оспариваете решение, к которому он пришел, а договариваетесь с ним о деталях и условиях его выполнения. Но больше всего поможет избавиться от излишнего давления и диктата понимание, что упрямство и своеволие ребенка — это лишь раздражающая вас форма мольбы: «Позвольте же мне, наконец, жить своим умом!»

Если вы испытываете обиду, то нужно спросить себя: что заставило ребенка причинить ее вам? **Какая боль у него самого?** Чем вы обидели или постоянно обижаете его? Поняв причину, надо, конечно, постараться ее устранить.

Самая трудная ситуация — у отчаявшегося родителя и разуверившегося в своих силах подростка. Умное поведение родителя в этом случае — **перестать требовать** «полагающегося» поведения. Стоит сбросить на ноль свои ожидания и претензии. Наверняка ваш ребенок что-то может и к чему-то даже очень способен. Но пока он у вас такой, какой есть. Найдите доступный для него уровень задач. Это ваш исходный плацдарм, с которого вы можете начать двигаться вперед. Организуйте с ним совместную деятельность, сам выбраться из тупика он не может.

При этом нельзя допускать в его адрес никакой критики!

Ищите любой повод, чтобы его **поощрить**, отмечайте любой, даже самый маленький успех. Постарайтесь подстраховывать его, избавлять от крупных провалов. Стоит поговорить с учителями и попытаться сделать их в этом вашими союзниками. Вы увидите: первые же успехи окрылят вашего ребенка.

Все сказанное сведем в таблицу.

Причина плохого поведения ребенка	Переживание родителя	Реакция родителя
Борьба за внимание	Раздражение	Не обращать внимания не непослушание; в «спокойные» моменты проводить больше времени вместе, играть, гулять.
Противостояние родителю	Гнев	Уменьшить контроль за делами ребенка, позволить накопить опыт собственных решений и неудач.
Месть	Обида	Подумать, чем вы обидели ребенка, какая боль у него?
Ощущение неблагополучия	Отчаяние	Не критиковать, ничего не требовать, отмечать любой, самый маленький успех.

«ТОЛЬКО ПОПРОБУЙ!..»

Некоторые родители считают, что с детьми чем строже, тем лучше. Посмотрим, так ли это. Действительно ли тактика «завинчивания гаек» помогает добиться дисциплины?

В одном эксперименте старшим дошкольникам демонстрировали дорогого и очень привлекательного робота с дистанционным управлением.

С этим роботом им не разрешалось играть, когда взрослый выходил из комнаты.

Для одной половины детей запрет давался очень строгим и жестким тоном и сопровождался серьезными угрозами. Для другой половины детей запрет был более мягким, хотя тоже вполне определенным.

Дети обеих групп подчинялись требованию, и в отсутствие взрослого к роботу не подходили.

Через несколько недель дети оказались в той же игровой комнате.

С ними был совсем другой воспитатель, и никаких напоминаний о прежних условиях не давалось. Вскоре воспитатель покинул комнату: как теперь поведут себя дети в отношении робота? — вот что интересовало психологов.

Оказалось, что 14 из 18 детей первой группы, где запрет был очень строгим, тут же стали играть с роботом. Наоборот, 2/3 детей второй группы, где запрет был мягче, по-прежнему к роботу не подходили.

По мнению психологов, поведение детей второй группы объясняется тем, что решение не трогать игрушку стало их собственным сознательным решением.

Внешнее требование взрослого, благодаря его тональности интериоризировалось в их внутреннее правило поведения. Им дети продолжали пользоваться и при втором посещении.

Практический вывод из этого и многих других подобных исследований: **если мы хотим привить ребенку дисциплину, нужно оставить ему возможность для собственного решения о правильном поведении,** некоторый «люфт», который даст ему почувствовать долю самостоятельного решения.

Делайте его соучастником выработки правил, получайте его внутреннее согласие на их выполнение. Поступая так, вы будете и в вопросе о дисциплине использовать чудодейственную силу закона «зоны ближайшего развития».

Что же касается тактики «завинчивания гаек», то она сплошь и рядом приводит к прямо противоположным результатам: дети бунтуют, а правила при первой же возможности нарушаются.

В заключение несколько дополнительных замечаний. Бесполезно ждать, что ваши старания наладить мир и дисциплину в семье приведут к успеху в первый же день. Путь предстоит **долгий и трудный**, он потребует от вас немалого терпения. Вы, наверное, заметили: главные усилия надо направить на то, чтобы переключать свои отрицательные эмоции (раздражение, гнев, обиду, отчаяние) на конструктивные действия. Да, в каком-то смысле придется **менять себя**. Но это единственный путь воспитания вашего «трудного» ребенка.

И последнее, что очень важно знать: вначале, при первых ваших попытках улучшить взаимоотношения, ребенок **может усилить свое плохое поведение**!

Он не сразу поверит в искренность ваших намерений и будет проверять их. Так что придется выдержать и это серьезное испытание.

ЧАСТЬ ВТОРАЯ

АЗБУКА ДУШЕВНОГО БЛАГОПОЛУЧИЯ

◆ Наши потребности и самооценка

Мы хорошо знаем, что ощущение благополучия, или самочувствие, не определяется внешними причинами. Психологи связывают его с **удовлетворением потребностей**.
Каких?

Каждому человеку нужно: чтобы его любили, понимали, признавали, уважали; чтобы он был кому-то **нужен и близок;** чтобы у него был **успех** — в делах, учебе, на работе; чтобы он мог себя **реализовать, развивать** свои способности, **самосовершенствоваться, уважать себя.**

Любая потребность из нашего списка может оказаться неудовлетворенной, и это неизбежно приведет к негативным эмоциям, а то и негативному поведению.

За любым негативным переживанием мы всегда найдем какую-нибудь нереализованную потребность.

Возьмем пример.

Предположим, человеку крупно не везет: одна неудача следует за другой.

Значит, не удовлетворяется его потребность в успехе, признании. В результате у него может появиться разочарование в своих силах или обида и гнев на «виновников». Бывает, при встрече с таким человеком мы спрашиваем: «Ну как ты?», «Как жизнь вообще?», «Ты счастлив?» — и получаем в ответ: «Ты ведь знаешь, я — невезучий». Другой ответит: «Да все отлично!»

Такое общее мнение о себе называется **самооценкой** и составляет **фундамент психологического благополучия человека**.

◆ Самооценка ребенка

Самооценка формируется в человеке не только от удач или неудач взрослой жизни, но прежде всего в детстве. Вирджиния Сатир предпочитала говорить о **чувстве самоценности ребенка.** Это чувство закладывается очень рано и зависит от того, как с ним обращаются родители.

Чувство самоценности закладывается в первые годы жизни ребенка и зависит от того, как с ним обращаются родители.

Если родители понимают и принимают его, терпимо относятся к его «недостаткам» и промахам, ребенок вырастает с положительным отношением к себе. Если же ребенка постоянно «воспитывают», критикуют и муштруют, самооценка его оказывается низкой, ущербной.

Общий закон здесь прост:

**В детстве мы узнаем
о себе только из слов
и отношения к нам близких.**

В этом смысле у маленького ребенка нет внутреннего зрения. Его образ себя строится извне; рано или поздно он начинает видеть себя таким, **каким видят его другие**.

Однако в этом процессе ребенок не остается пассивным. Здесь действует еще один закон всего живого: **активно добиваться того, от чего зависит выживание.**

Ребенок ждет от нас подтверждений того, что он — **хороший**, что его **любят**, что он **может справляться** с посильными (и даже немного более сложными) делами.

Это **глубинные базисные стремления** ребенка и вообще всякого человека.

◆ Базисные стремления ребенка

Давайте посмотрим, как эти стремления обнаруживаются в повседневной жизни детей.

Вот родитель в запальчивости бросает сыну: «Ты плохой мальчик!», на что малыш, топая ногой, возражает: «Нет, я хо-ло-сый!»

Трехлетняя девочка, видя сердитое лицо бабушки, требует: «Скажи: зай-чик!». «Зайчик» на домашнем языке означает ласковое: «Ты моя хорошая», и девочке совершенно необходимо получать это подтверждение любви в критические моменты.

Что бы ни делал ребенок, ему нужно признание его успехов.

Каждому знакомо, как малыш взглядом и всем своим видом (когда еще не умеет говорить), а потом и прямо словами постоянно просит: «Посмотри, что у меня получилось!», «Смотри, что я уже умею!» А начиная с двухлетнего возраста у него уже появляется знаменитое: «Я сам!» — требование признать, что он это может!

Ощущение самоценности подкрепляется светом и энергией жизни, которые даются от природы, и в каждом ребенке присутствует его «внутреннее солнышко».

◆ Что мы делаем с его чувством самоценности

Дальнейшая судьба этого «солнышка» динамична, а порой и драматична. Хотя ребенок с самого рождения борется за свою самоценность, его силы ограничены, и чем он меньше, тем больше во власти родителей.
Повторим:

Каждым обращением к ребенку — словом, делом, интонацией, жестом, нахмуренными бровями и даже молчанием мы сообщаем ему не только о себе, своем состоянии, а в основном о нем.

От повторяющихся знаков приветствия, одобрения, любви и принятия у ребенка складывается ощущение: «со мной все в порядке», **«я — хороший»**, а от сигналов осуждения, неудовольствия, критики — ощущение «со мной что-то не так», **«я — плохой»**.

Попробуем навести лупу нашего внимания на переживания малыша в обыденной обстановке.

Для этого приведу рассказ одного детского психолога.

Приходит ко мне на консультацию отец годовалого ребенка и среди прочего рассказывает о таком случае. Его 11-месячный сын был оставлен в детской кроватке, рядом с которой находился стол. Малыш как-то умудрился перелезть через спинку кровати на стол, где его и застал отец, вошедший в комнату. Ребенок, покачиваясь на четвереньках, победоносно сиял, а папу охватил страх. Он подбежал к малышу, резко схватил его, водворил на место и строго пригрозил пальцем. Ребенок горько заплакал и долго не мог успокоиться.

— Попробуйте влезть в кожу своего сына, — предложил я, — и представить, что вам 11 месяцев. И вот ты, малыш, впервые в жизни (!), затратив героические усилия, выбрался из надоевшей кровати на новую неизведанную территорию. Что бы ты почувствовал?

Отец ответил:

— Радость, гордость, торжество.

— А теперь, — продолжал я, — представь себе, что появляется дорогой тебе человек, твой папа, и ты приглашаешь его разделить твою радость. Вместо этого он сердито тебя наказывает, и ты совсем не понимаешь, за что!

— Боже мой, — сказал отец, схватившись за голову, — что я сделал, бедный мальчик!

Этот пример, конечно, не про то, что не надо оберегать ребенка от падения со стола. Он про то, что, оберегая и воспитывая, мы должны отдавать себе отчет, какое сообщение о нем мы сейчас ему посылаем.

Наказание ребенок чаще всего воспринимает как сообщение: «Ты плохой!», критику ошибок — «Ты не можешь!», игнорирование — «Мне до тебя нет дела» и даже — «Ты нелюбим».

◆ Наше воспитание и его благополучие

Душевная копилка ребенка работает непрерывно, и чем он младше, тем неизгладимее влияние того, что мы в нее бросаем. К счастью, с маленькими детьми родители более ласковы и внимательны, хотя и с ними не всегда удается избежать ошибок, как в только что описанном случае. Но по мере взросления ребенка «воспитательная» струна начинает звучать все сильнее, и порой мы перестаем заботиться о том, что же накапливается в его «сокровищнице» самооценки: светлые дары нашего тепла, принятия и одобрения — или тяжкие камни окриков, критики, наказаний.

О том, как по-разному складывается жизнь ребенка и потом взрослого в крайних случаях его принятия и не принятия иллюстрируют следующие два примера.

Первый я беру из личного опыта общения с одной замечательной женщиной, матерью троих детей, с которой мне посчастливилось провести вместе несколько месяцев. Это был удивительно добрый и щедрый человек. Она легко делилась всем, что у нее было, находила поводы делать подарки, помогала людям деньгами и делами. Но больше всего производила впечатление ее особая душевная щедрость. В моменты уныния или огорчения другого она всегда находила доброе слово или улыбку, в моменты напряжения — мудрый выход. В ее присутствии проблемы становились проще, а атмосфера — человечнее. Этот ее дар очаровывал каждого, кто с ней соприкасался.

Однажды я прямо спросила ее: «Откуда в тебе столько доброты и щедрости?»

И получила такой ответ: «Все очень просто: еще в животе матери я совершенно точно знала, что мама меня очень любит и очень ждет. И потом, с первых дней жизни я тоже всегда знала, что меня очень любят и мама и папа, и что я им очень дорога. Теперь я просто возвращаю миру то, что получила от своих родителей».

Излишне говорить о той заботе, которой была окружена в то время уже престарелая мать моей знакомой.

Другой пример, к сожалению, тоже из реальной жизни.

Девочка — подросток 15 лет, отношения с матерью почти разорваны. Проводит дни «по подъездам», неизвестно с кем, неизвестно как.

Когда девочке было 4–5 лет, часто повторялись такие сцены: она подходила к

стене и сильно билась об нее головой. На вопрос матери:

— Что ты делаешь? Перестань! — она отвечала:

— Нет, буду! Я себя наказываю, потому что плохая!

Эта история потрясает. К пяти годам девочка уже не чувствовала, что она хорошая. Об этом ей могло бы сообщить теплое и приветливое обращение с ней родителей. Однако обстановка в семье была куда хуже: отец пил, денег не хватало, появился второй ребенок... Задерганная мать нередко срывалась на старшей дочери. Базисное стремление девочки быть «хорошей» заставляло ее искать пути «исправления» себя. Но она знала только один путь так называемого исправления — наказание, и совсем не знала, что этот путь безнадежен!

Наказание, а тем более самонаказание ребенка, только усугубляет его ощущение

«УХОДИ, ТЫ ПЛОХОЙ!»

Как живется в школе детям, которые уже в первых классах получили оценку «хороших» или «плохих», стало предметом одного исследования.

Психолог регулярно посещал уроки в 1–2 классах обычной московской школы. Он молча сидел на задней парте, объяснив учителю, что наблюдает за поведением детей. В действительности его интересовало, сколько раз и как учитель обращается к «отличникам» и «двоечникам» (для этого в каждом классе было выделено по 3–4 ученика каждой группы).

Цифры оказались поразительными. Каждый «отличник» получал в день в среднем по 23 одобрительных замечания, таких как: «Молодец», «Берите с него пример», «Я знаю, что ты все выучил», «Отлично, как всегда»... и только 1–2 отрицательных замечания.

У «двоечников» все оказалось наоборот: критических замечаний в среднем было по 25 в день («Опять ты!», «Когда же ты наконец!», «Никуда не годится!», «Просто не знаю, что с тобой делать!») и только 0–1 положительных или нейтральных обращений.

Это отношение передавалось детям-соученикам.

Обычно ребята на переменках окружали психолога, охотно с ним беседовали. Они трогательно выражали свое расположение, стараясь подойти как можно ближе, прикоснуться, подержаться за его руки, иногда даже деля между собой его пальцы. Когда же к этому плотному кольцу детей приближался «двоечник», ребята его прогоняли: «Уходи, тебе сюда нельзя! Ты плохой!»

Представьте себя на месте такого ребенка. По 25 раз в день вы слышите только критику в свой адрес от авторитетных и уважаемых людей, и так изо дня в день, из месяца в месяц, из года в год! А в промежутках вас отталкивают ваши же сверстники или сослуживцы. Что с вами станет? Как вы сможете выжить?

Как «выживают» дети, стало ясно, когда исследование было продолжено в колонии для несовершеннолетних правонарушителей. Оказалось, что из всех подростков, помещенных в колонию, 98% не принимались сверстниками и учителями, начиная с первых классов школы!

(По материалам диссертационной работы Гинтаса Валицкаса)

неблагополучия и несчастливости. В результате он в конце концов приходит к выводу: «Плохой, ну и пусть! И буду плохой!» Это вызов, за которым скрывается горечь отчаяния.

Всегда ли мы это отчаяние слышим?

Жизнь показывает, что далеко не всегда. Неблагополучного ребенка продолжают наказывать, критиковать, а затем и вовсе отвергать в семье и школе (см. Бокс на с. 96—97).

◆ Десять вех на дорожной карте родителя

Подведем итоги. Как же нам направлять жизнь ребенка на путь благополучия и счастья? В этом и предыдущих выпусках мы рассказали о многих важных действиях:

1. Безусловно принимать ребенка.
2. Активно слушать его переживания и потребности.
3. Бывать (читать, играть, заниматься) вместе.
4. Не вмешиваться в его занятия, с которыми он справляется.
5. Помогать, когда просит.

6. Поддерживать успехи.

7. Делиться своими чувствами (значит доверять).

8. Конструктивно разрешать конфликты.

9. Использовать в повседневном общении приветливые фразы.

Например:

Мне хорошо с тобой.

Я рада тебя видеть.

Хорошо, что ты пришел.

Мне нравится, как ты...

Я по тебе соскучилась.

Давай (посидим, поделаем...) вместе.

Ты, конечно, справишься.

Как хорошо, что ты у нас есть.

Ты мой хороший.

10. Обнимать не менее 4, а лучше по 8 раз в день.

И многое другое, что подскажут вам интуиция, любовь к вашему ребенку и бережное отношение к его «солнышку».

ЧАСТЬ ТРЕТЬЯ

РОДИТЕЛИ И ДЕТИ: МЕНЯЕМСЯ ВМЕСТЕ

◆ Начать с себя

Мы уже многое обсудили, и читатели, безусловно, обогатились знаниями путей и способов успешного обращения с детьми. Но есть вопрос, который остается у некоторых родителей: «А если многое делалось не так, и воспитание ребенка «запущено». Можно ли что-то сделать?»

Отвечу: конечно, можно.

**Спохватиться никогда не поздно!
Главное — начать с себя.**

Одна из проблем родителей упирается в жесткий контроль. Они понимают, что надо «отпустить» ребенка, дать ему большую самостоятельность, **но ничего не могут с собой поделать.** Они продолжают запрещать, указывать, воспитывать.

Возможно ли, поняв ошибочность своего поведения, измениться?

Да, некоторым родителям это удается. Процесс непростой, так как приходится иметь дело со своими трудно преодолимыми эмоциями — тревогой, страхом, беспокойством, а также привычкой думать: «Он без меня не справится». Давайте посмотрим, как это происходит в жизни.

Привожу отрывки из записей одной мамы. Ее дочери Маше одиннадцать лет, она учится в шестом классе (жирным шрифтом отмечаю мамины переживания и усилия изменить себя).

06.02. В конце концов, **я решила: необходимо перестать давить** в уроках, уборке комнаты и т. п. Попробуем «воспитание свободой»! Отступила, наблюдаю. **Волнуюсь очень.**

08.02. Долой лозунги. Вот правда жизни: английский 2, 3 и замечание по поводу отсутствия д/з; русский 3, 3. Вечером **не выдерживаю, спрашиваю:**

— Маш, а много задали?
— Нет, ничего.
— Совсем-совсем?

10.02. Вечер пятницы, **спрашиваю:**
— Маш! Много задали?
— Нет. Я решила, что сегодня ничего делать не буду. Я устала. (Смотрит телевизор.)

Я расстроена, так как предполагаю, что без моих призывов к приготовлению уроков протянет до вечера воскресенья и с дикими стенаниями поплетется к письменному столу, взывая к нашему сочувствию.

11.02. Утро субботы. О планах Маша забыла. **Я расстроена,** так как понимаю, что она не хочет бороться: легко пообещала, легко забыла. **Молчу.**

14.02. **Осознала, что «продавливаю»** и все равно **пытаюсь регламентировать** приготовление уроков. **Чувствую растерянность...**

19.02. Неделя закончилась, я не вспоминала об уроках. Маша все делала сама или не делала, но результат в дневнике не хуже, а, может быть, даже лучше.

25.02. Уроки делает сама, что-то в школе, что-то дома, сообщает мне об этом, но не всегда. **Я не спрашиваю.** Учительница математики стала Машу хвалить. С русским неважно, диктант написан на 2, но правила старается учить. Я слышала, как по телефону объясняла заболевшей девочке новую тему.

Успеваемость со мной не обсуждает, даже не всегда хвалится хорошими отметками. Когда озвучивает 4 и 5, **я радуюсь**, говорю ей об этом, стараюсь, чтобы моя радость не выглядела слишком напыщенно.

С момента первой записи прошло всего 19 дней, а можно видеть заметные сдвиги в школьных делах девочки, да и в отношениях между мамой и дочкой. Конечно, матери это досталось нелегко. **Ей пришлось бороться с собой**, но ее терпение и выдержка оправдали себя.

Похожие процессы происходят и в других семьях, где родители пытаются себя изменить.

Приведу отрывки из записей другой матери. Ее дочке десять лет, и предыстория их отношений похожа на предыдущую: сначала был жесткий контроль, но потом возникло решение «**отпустить**» девочку.

Для ясности даю небольшие заголовки, которые отмечают динамику изменений.

Стала учиться хуже. В тетрадях Гали много троек, пишет неряшливо. Слышу, что учит наизусть стихотворение, явно «халтурит».

— Галя, ты уверена, что хорошо выучила?

— Понимаешь, просто если я буду еще тратить время на литературу, то не успею сделать английский, и у меня вообще не останется свободного времени. Я что, должна все время только учить и учить?!

— Музыка у тебя еще не сделана. Пока не напомню тебе, ты вообще не садишься за инструмент. Я тебе уже много раз говорила...

Бесконечно долгий и пустой диалог. В результате обе почти в слезах и злы друг на друга.

Решение жестко контролировать. Пятерок все меньше, тройки перестали быть редкостью. С мамой принимаем решение контролировать приготовление уроков и жестко требовать соблюдения порядка на рабочем столе. Но вместо запланированного контроля — периодические «атаки», которые ничего хорошего не приносят.

Пробую общаться иначе, но возвращаюсь к старому. Стараюсь поговорить с ней по душам. Снова скатываюсь до поучений. Раздражаюсь и на себя, и на нее...

Расстояние между нами увеличивается. Боюсь, что она замкнется, а остановиться вовремя никак не могу.

Первые проблески. Спасительный Святослав Рихтер! Узнала, что в школе его считали очень ленивым. А позднее знаменитый пианист удивлял всех своей волей и самодисциплиной! Приняла это близко к сердцу.

— Мама, ты только не ругайся, у меня тройка за самостоятельную работу по математике.

— И тебе это очень не нравится, ты хочешь это изменить... (Активно слушаю.)

— Да, я позанимаюсь дополнительно по этой теме сегодня. (Ура!!!)

Преждевременное «ура». Но «ура» было преждевременным. Дальше намерений дело не пошло ни сегодня, ни завтра. Однажды не сдерживаюсь и снова опускаюсь до старого шаблона:

— Что с музыкой, Галя? Скоро экзамен.

— Понимаешь, просто... — и длинная череда «уважительных причин».

— Твое «просто» на этой неделе звучит уже 1001 раз!

И тут: — Я не люблю, когда со мной так разговаривают!

Хлопнув дверью перед моим носом, дочь удаляется в свою комнату.

Замыкаюсь. Переживаю долго и до слез.

Усилия вознаграждаются. *Постепенно ситуация меняется. Очень гордится тем, что делает домашнюю работу существенно быстрее и качественнее. Подтянулась организованность. С мамой отмечаем, что изменилось лицо: оно стало как-то мягче, и я бы сказала счастливее.*

В этой истории мы видим в общем повторение тех же событий, что и в предыдущей. В обоих случаях матери переживали настоящую внутреннюю борьбу между решением измениться и собственными укоренившимися привычками. В такой борьбе самым трудным для родителей моментом, можно сказать, узлом всего процесса, бывает **выдержать ухудшение учебы и поведения детей** при попытках снять с них контроль.

**Важно знать и помнить,
что такое ухудшение абсолютно
закономерно.**

Во-первых, у отпущенного на свободу ребенка расширяется зона активности, которая раньше была стеснена, и он начинает отвлекаться на многие другие занятия. Во-вторых, из-за длительного родительского контроля он недоразвился в одном важном отношении: он плохо умеет отвечать за себя, свои дела и поступки. Такую ответственность он должен еще осознать и освоить.

**Это требует времени
и может происходить только в режиме
свободы и самоопределения
с неизбежными ошибками
и неудачами, на которых он учится.**

И вот эти ошибки, неудачи и ухудшения родитель должен **вытерпеть**, чтобы не помешать процессу взросления их ребенка. Заметим, что в описанных историях обе девочки, в конце концов, стали счастливее и, несомненно, испытали благодарность своим матерям за их мудрую помощь.

♦ Дети — родителям

Не стоит забывать, что в попытках родителей изменяться и совершенствоваться у них есть замечательные помощники — их собственные дети! Присматриваясь к детям, мы можем многому научиться.

Дети очень чуткие и строгие судьи. Они плохо переносят несправедливость, неискренность, нечестность, глупость и грубость взрослых.

Дети страдают, если что-то из этого замечают в своих близких. Они мечтают об идеальных родителях, но только маленькие дети видят в родителях такой идеал. Довольно скоро дети начинают нас строго оценивать, а иногда и разочаровываться.

Пишет пятнадцатилетняя девочка:

> У меня большая проблема с мамой. Она все время за мной следит, можно сказать, выслеживает. Я пишу дневник — ведь это очень личное! А она его разыскивает и читает, приходится его прятать, и вообще пропадает желание писать. А мне так важно довериться кому-то или чему-то, хотя бы страницам дневника!
>
> Еще она подслушивает мои телефонные разговоры, еще подсматривает в окно — куда я иду или откуда прихожу. Разве можно так поступать с человеком?! Такая слежка — неуважение и недоверие

ко мне. Все это меня очень обижает, и я не знаю, что делать. Пробовала говорить маме, но она не слушает.

Стоит выразить сожаление, что мать этой девочки не прислушивается к замечаниям и переживаниям дочки, а ведь они касаются ее собственного поведения и дают шанс задуматься о своем моральном облике!

Не только подростки, но и маленькие дети с пристрастием наблюдают, делают ли сами родители то, что требуют от них. В назидание родителям случаются и забавные истории.

Отец с четырехлетним сыном едет в метро. Мальчик взобрался на сиденье, чтобы смотреть в окно. Он стоит на коленках, и его ботинки обращены в сторону стоящих пассажиров. Отец недовольно замечает:

— Сколько раз я тебе говорил не забираться с грязными ногами на сиденье! Ты можешь испачкать людей. Когда только ты начнешь слушаться?!

На что сын также громко отвечает:

— А сколько раз мама тебе говорила не писать в раковину, а ты все равно это делаешь!

Излишне говорить, что покрасневший папа выскочил с ребенком на ближайшей остановке.

Порой дети помогают нам не впадать в воспитательные перегибы. Пример, который хочу здесь разобрать, касается частого вопроса: **стоит ли награждать ребенка дополнительно за то, что он хорошо себя ведет?** При этом имеется в виду плата деньгами за хорошие оценки, за помощь по дому, за соблюдение режима. Вопрос этот вызывает много споров.

На мой взгляд, **платить нельзя** ни за отметки, ни за мытье посуды, ни за самостоятельное вставание, уборку кровати, чистку зубов, приготовление себе завтрака в школу (этот список взят из практики одной семьи, где существовал настоящий прейскурант стоимости подобных «достижений» детей). Ребенок вовлечен в повседневные дела и должен выполнять их — это разумеется само собой.

Платить за домашние дела ребенку — значит сбивать его с толку, лишать его представлений о долге, помощи, бескорыстном труде и семейных взаимоотношениях.

Интересно, что дети сами могут чувствовать порочность такой практики. Следующую короткую историю рассказал один отец. В их семье время от времени практиковались небольшие поощрения детей за хорошее поведение, но однажды вечером шестилетний сын сделал ему «неожиданный подарок», который обрадовал его и одновременно заставил задуматься.

Мальчик встретил отца со словами:
— Пап, я сегодня сделал доброе дело: помог бабушке на ночь разложить диван. Только ты меня за это ни в коем случае не награждай. **А то какое же это доброе дело, если за него дают награду?**

Услышав эту историю, я вспомнила одну проповедь православного священника. В ней говорилось о добрых делах и помыслах, что они только тогда истинны, когда несущий их в мир не думает о себе, когда он абсолютно бескорыстен и не ждет награды, даже на том свете.

И вот, шестилетний ребенок уже понял и прочувствовал эту чистую истину, и так же, как тот священник, с волнением стремился донести ее до сознания взрослого! Я, признаться, до сих пор переживаю это как чудо, которое способны дарить нам дети.

Другая история на тему «учиться у детей» относится к другой стране, другой культуре, но и она — о живой и мудрой детской душе. Привожу рассказ американского психолога Мартина Селигмана, в то время президента Американской Психологической Ассоциации.

Однажды я вместе со своей пятилетней дочкой Никки полол сорняки в саду. Должен признаться, что, хотя я и пишу книги о детях, сам не очень умею обращаться с ними. Вообще я человек целенаправленный и собранный, и если уж взялся полоть сад, то делал это как следует. Никки же, напротив, вела себя беззаботно — подбрасывала сорняки в воздух, пела и танцевала вокруг меня. И я на нее накричал. Она ушла, потом вернулась.

— Папа, я хочу с тобой поговорить.

— Да, Никки?

— Пап, ты помнишь мой день рождения, когда мне исполнилось пять лет?

С трех лет до пяти я была плаксой. Я плакала каждый день. Когда же мне исполнилось пять, я решила больше не плакать. Это было для меня самым трудным делом в жизни. И если я могу перестать плакать, то почему ты не можешь перестать быть таким брюзгой?

Это было для меня как гром среди ясного неба — не меньше! Я понял нечто о Никки, о детях, о себе и очень много о своей профессии.

Прежде всего, я понял, что воспитание Никки не в том, чтобы исправлять ее плаксивость. Никки сделала это сама. Воспитание Никки означало признание чудесной силы, которая была в ней заложена, — я назвал бы ее «внутренней силой души»...

Я понял, что воспитывать детей значит гораздо больше, чем исправлять их недостатки. Это значит находить и поддерживать их лучшие качества и помогать им находить применение этих качеств в жизни.

Что касается меня, то Никки попала в самую точку: я был брюзгой. В течение всех 50 лет я был постоянно чем-то недоволен, а последние 10 лет был как туча, нависшая над домом, полным солнечного света. Все, что случалось хорошего, было не благодаря моей ворчливости, а несмотря на нее. **И в этот момент я решил измениться!**

Мы, таким образом, видим, что:
- Дети думают о нас, хотят, чтобы мы изменились к лучшему, стремятся нам в этом помочь.
- Мы порой недооцениваем их дружеских стремлений, а зря!

◆ Вместо эпилога

Народная мудрость гласит:
Посеешь поступок — пожнешь привычку,
Посеешь привычку — пожнешь характер,
Посеешь характер — пожнешь судьбу!

Эта истина относится и к жизни взрослого человека, и к воспитанию ребенка. От каких же поступков родителей зависит судьба детей? От очень многих, больших и маленьких! Это и конкретные слова, и ответы на просьбы или капризы, это и вмешательство или невмешательство в дела ребенка, это способы наказания или одобрения, это умения сдерживать эмоции, общаться, разрешать конфликты и многое другое.

Не всегда родителям понятно, как поступать правильно. В одних случаях кажется, что надо делать одно, в других — прямо противоположное. Никто не владеет абсолютной истиной или универсальными рецептами. Но зато есть опыт успешных воспитателей.

В отдельных главах мы рассматривали позитивные примеры общения взрослых и детей. Порой могло показаться, что речь шла о слишком мелких подробностях — отдельных словах, интонациях, даже местоимениях (Я или Ты). Но позволю себе высказать глубокое убеждение в том, что мелочей в общении с ребенком не бывает. Одно неверное слово или тон голоса родителя может оставить горький след в душе ребенка, а накопление таких следов — подорвать его веру в себя, привести к отчуждению, а то и к разрыву отношений.

Личность родителей, их «жизненная философия», их приоритеты и ценности создают атмосферу, в которой живет ребенок. От их личностных свойств и душевных качеств зависит чистота воздуха, которым он дышит.

Есть известная притча.

Идет прохожий и видит — люди что-то строят.

— Что ты делаешь? — спрашивает он одного каменщика.

— Я укладываю кирпичи, — отвечает тот.

— А ты что делаешь? — спрашивает он второго.

— Я возвожу стену.

— А ты? — спрашивает он третьего.

— Я строю Храм, — был ответ.

Когда мы строим «дом», в котором будет жить наш ребенок, важно заботиться о качестве отдельных «кирпичей» и правильности их «укладки». Но не забудем, что одновременно мы воздвигаем Храм его жизни и судьбы. И от нас зависит, насколько этот храм будет наполнен светом радости и человечности.

Содержание

Предисловие к серии 3

Часть первая
О правилах, дисциплине и наказаниях

Почему нужна дисциплина? 9

Порядок и правила. Правила о правилах 15

«Золотая середина» —
　и четыре цветовые зоны 19

Вопрос о наказаниях.
　Следствия непослушания 39

Смысл наказания 47

«Зона радости».
　Правило шестое и самое главное 54

Трудные дети:
　четыре причины стойкого непослушания 59

Как реагировать родителям? 70

Часть вторая
Азбука душевного благополучия

Наши потребности и самооценка 81

Самооценка ребенка 83

Базисные стремления ребенка 85

Что мы делаем с его чувством самоценности ... 87
Наше воспитание и его благополучие 91
Десять вех на дорожной карте родителя 99

Часть третья
Родители и дети: меняемся вместе

Начать с себя 103
Дети — родителям 114

Вместо эпилога 123

Научно-популярное издание

Общаться с ребенком. Как?

Гиппенрейтер Ю. Б.

Поведение ребенка в руках родителей

Зав. редакцией С. Тишков
Редактор М. Малороссиянова
Технический редактор Н. Духанина
Корректор И. Мокина
Компьютерная верстка Ю. Анищенко

Общероссийский классификатор продукции
ОК-500-93, том 2; 953000 — книги, брошюры

Подписано в печать 20.11.2013. Формат 70х108/32.
Усл. печ. л. 5,6. Тираж 8000 экз. Заказ № 9022 М.

ООО «Издательство АСТ»
129085, РФ, город Москва, Звездный бульвар,
дом 21, строение 3, комната 5.

Типография ООО «Полиграфиздат»
144003. г. Электросталь, Московская область,
ул. Тевосяна д. 25